성경 따라쓰기 / 필사 노트-01

창세기

KB189901

이 소중한 책을

특별히 _____님께

드립니다.

시작 날 (년   월   일) ~ 마친 날 (년   월   일)

창세기

Genesis / 創世記

주의 말씀은
내 발에 등이요
내 길에 빛이니이다
나의 생명이 항상 위경에 있사오나
주의 법은 잊지 아니하나이다
주는 나의 은신처요 방패시라
내가 주의 말씀을 바라나이다

— 시편 119:105, 109, 114 —

시작하면서

하나님의 말씀으로 무장하기!

"주의 말씀은 내 발에 등이요 내 길에 빛이니이다" (시편 119:105)

하나님의 말씀은 모든 인생을 향한 하나님의 선물입니다.
인생의 내비게이션의 역할도 할 수 있습니다.
삶의 방향이나 기준이 희미해지는 때 우리는 무엇을 해야 할까요?
우리는 기도해야 하며 하나님의 뜻을 찾아가야 합니다.

그 길을 안내하고 싶었습니다.
하나님의 말씀을 귀로만 들었으나 이제는 눈으로 보게 되었다는 욥의 감동을 나누고 싶었습니다.
그래서 쉽고 재미있게 그리고 의미 있게 온 가족이 성경을 쓰는 책을 만들어야겠다고
생각하게 되었고 기도 중에 만들어진 것이 이 책입니다.
이 책을 아름답게 잘 사용하는 가정은 하나님의 말씀으로 무장될 것입니다.
하나님의 말씀이 주는 행복을 누릴 것이며, 삶의 방향이나 목표를 바로 세워나가게 될 것입니다.

이 책은 성경을 쓰지만 하나님의 음성을 듣는 시간입니다.
중요 단어가 숨어 있고 달고 오묘한 말씀 속으로 들어가게 될 것입니다.
매일 쓰기를 습관으로 만들어 보기를 권합니다.
자신이 쓸 수 있는 가장 아름다운 글씨체로 정성껏 쓰려고 노력하길 권합니다.
가족들과 분담해서 자기의 분량을 써도 좋고, 필사한 성경들을 모아 보세요.
그리고 일정한 기간을 정하고 계획표에 맞추어 쓴 성경 말씀을 큰소리로
한 번 이상 읽어 보아도 좋습니다.
쓰다가 감동이 된 말씀에는 밑줄도 쳐 보십시오.
감동된 말씀을 일주일에 한 절 정도는 외워보려 노력해 보기 바랍니다.
하나님의 말씀이 달고 오묘하여 삶의 활력이 된다면 이미 그와 가정은 성공한 것입니다.
성경 쓰기! 아름다운 「믿음의 명문가」 만들기 프로젝트의 시작입니다.
– 해피맘 정삼숙(편집인)

창세기 서론

●**이름:** 창세기는 헬라어로 "기원", 또는 발생(GENESIS)이란 뜻이다.

신약에서 마태복음 1장 1절 같은 경우는 발생이란 단어가 세대(generation)로 번역되었다.

창세기는 세대 내지는 기원의 책이다. 실제로 창세기에는 열 세대가 나오는데, 이는 하늘들과 땅(2:4), 아담(5:1), 노아(6:9), 셈(11:10), 데라(11:27), 아브라함(17:5), 이스마엘(25:12), 이삭(25:19), 에서(36:1), 야곱(37:2) 등이다. 이 책은 전 성경을 위한 못자리이다.

이 책은 우리들에게 우주의 기원, 인간의 역사, 죄, 구원, 희생, 가족, 전쟁, 문명, 결혼 등을 기록해 준다.

●**저자:** 모세가 "오경(五經/The Pentateuch)"이라고 불리우는 처음 다섯 권의 책을 썼다고 널리 받아들여지고 있다(헬라어 "penta" 다섯/ "teuchos" 책들). 물론 창세기의 사건들이 발생했을 때 모세는 살고 있지 않았으나 성령께서 모세로 하여금 그것을 기록하도록 지시하셨다(벧후 1:20~21).

그리스도는 자신에 대하여 기록한 이 책들을 모세가 기록했다고 믿으셨으며(요 5:45~47) 이것이야말로 우리에게 훌륭하고 충분한 권위 있는 증명이 된다.

●**목적:** 창세기를 읽으면 처음 열한 장은 상세하지 않고 총괄적으로 기록되었고, 12장부터 그 나머지 부분은 네 사람의 생애를 상세하게 다루고 있음에 주목하게 된다.

창세기 첫 부분(1~11장)은 총괄적으로 인류를 다루며 인간과 죄의 기원을 설명하고 있고, 후반부(12~50장)는 이스라엘을 특징적으로 다룬다. 특히 아브라함, 이삭, 야곱, 요셉의 생애가 다루어진다. 이것으로 미루어 볼 때 이 책의 목적은 인간과 그 죄의 기원, 그리고 하나님과 그의 구원을 설명하는 데 있다.

이 책의 중심 사상은 하나님의 선택(Divine election)이다. "천지(天地)"에서 시작되어 하늘이 아닌 땅을 택하여 다루고 있으며, 그리하여 이후부터는 계속해서 이 땅에 대한 하나님의 계획이 주제로 등장한다(하늘과 하늘의 백성인 교회에 대한 하나님의 프로그램을 보기 위해서는 신약, 특히 바울을 기다려야 한다). 땅을 택하시고는 천사들(타락한 천사들을 포함하여)을 건너 뛰어 인간을 다룰 것을 택하신다.

아담의 많은 아들들 중에서 하나님은 셋(4:25)을 택하신다.

셋의 많은 자손들 중에서(5장), 하나님은 노아를 택하시고(6:8), 노아의 가족 중에서 셈(11:10)을, 그리고 데라(11:27)를, 마침내는 아브라함을 택하신다(12:1).

아브라함에게는 많은 아들이 있었으나 이삭이 선택된 씨(21:12)였다. 이삭에게는 야곱과 에서 두 아들이 있었는데 하나님은 그의 축복을 받을 자로 야곱을 택하셨다.

이 모든 일이 하나님의 선택이다.

그 누구도 이 선택된 자들의 이런 영광을 누릴 자격은 없었다. 이 모든 것은 하나님의 은혜였으며 오늘날도 마찬가지이다. 하나님의 선택의 은혜와 더불어 창세기는 또한 하나님의 놀라운 능력과 섭리를 예증하고 있다. 인간들은 하나님께 불순종하고 그를 의심하였지만 하나님은 그의 목적을 성취하시기 위해 다스리시며 통치해오셨다. 창세기에서 하나님의 목적이 실패하였다면 수십 세기 후에 베들레헴에서 탄생한 메시아는 없었을 것이다.

창세기와 계시록: 창세기에서 시작한 것이 계시록에서 완성된다.

– 「나침반 핵심성경연구❶」에서 발췌

제1장
하나님의 우주 만물 창조와 기원

하나님의 창조의 시작 (1-2)

1

2

첫째 날-빛을 창조하심 (3-5)

3

4

5

둘째 날-물을 나누심 (6-8)

6

7

8

셋째 날-바다와 땅과 식물을 창조하심 (9-13)

9

10

11

12

13

☀ 넷째 날–해, 달, 별들을 창조하심 (14–19)

14

15

16

17

18

19

☀ 다섯째 날–물고기와 날짐승을 창조하심 (20–23)

20

21

22

23

여섯째 날—땅의 짐승들과 인간을 창조하심 (24-31)

24

25

26

27

28

29

30

31

제 2 장
창조 배경과 에덴 동산

🌄 일곱째 날–하나님의 안식 (1–7)

1

2

3

4

5

6

7

🌄 에덴 동산의 창설 (8–20)

8

9

10

11

12
_____

13
_____

14
_____

15
_____

_____

16
_____

_____

17
_____

_____

18
_____

_____

19
_____

_____

20
_____

여자를 만드심 (21-25)

21
_____

_____

22
_____

_____

23
_____

24

25

제 3 장
사탄(마귀)의 유혹과 선악과

🌄 사탄의 유혹과 아담의 범죄 (1-7)

1

2

3

4

5

6

7

🌅 하나님의 부르심 (8–13)

8

9

10

11

12

13

🌅 하나님의 심판 (14–21)

14

15

16

17

18

19

20

21

🌄 에덴에서 내어 보내심 (22-24)

22

23

24

제 4 장
가인과 아벨과 셋의 출생

🌄 가인과 아벨의 출생 (1-15)

1

2

3

4

5

6

7

8

9

10

11

12

13

14

15

🌅 가인의 자손과 셋과 에노스 출생 (16-26)

16

17

18

19

20

21

22

23

24

25

26

제 5 장
아담 자손의 계보

아담에서 노아와 에녹의 사역 (1–32)

1

2

3

4

5

6

7

8

9

10

11

12
....

13
....

14
....

15
....

16
....

17
....

18
....

19

20
....

21
....

22
....

23
....

24
....

....

25
....

26
....

27
....

28
....

29
....

....

30

31
....

32

제 6 장
대홍수 이전의 상태와 노아의 방주 준비

사람의 죄악들 (1–8)

1

2

3

4

5

6

7

8

대홍수 심판 예고와 노아의 순종 (9–22)

9

10

11

12

13

14

15

16

17

18

19

20

21

제 7 장
방주에 들어간 노아 가족과 선택받은 짐승들

방주 안의 광경 (1-16)

1

2

3

4

5

6

7

8

9

10

11

12

13

14

15

16

☀️ 대홍수 심판 (17-24)

17

18

19

20

21

22

23

24

큰 장애물에서도 강력한 믿음으로 승리한 모세

모세는 여러 번의 반전과 반전의 삶, 역전 드라마를 쓰며 수백만 명의 사람들을 이끄는 위대한 지도자의 길로 가게 합니다.
모세의 이야기에는 과거를 넘고 새로운 길, 새로운 삶으로의 출발이 분명하게 보입니다.
하나님께서 세우시면 일생을 인도하십니다.
하나님은 모세를 온전하게 사용하기 위해 80년을 훈련시키셨습니다.
어떤 상황도 넘게 하시고 지키셨습니다.
과거를 뛰어 넘어 새로운 길, 새로운 삶을 통해, 「믿음의 명문가」가 됩시다.

모세는 ―

1. 자기를 넘어서는 강한 믿음이 있었습니다.
사람은 과거에 묶여 있는 존재입니다. 하나님은 세상에서 아주 잘나고 똑똑한 사람들은 낮추어 사용하시고, 부족하고 연약한 사람들은 높여 사용합니다.

2. 나는 하나님의 사람이라는 강한 의식이 있었습니다.
위대한 지도자는 환경이나 상황을 당당히 뛰어 넘는 사람입니다.
나는 하나님의 사람이라는 의식이 확실히 심어져야 합니다.

3. 빛나는 지도자의 길을 갔습니다.
모세는 자신의 힘만 가지고 했던 40년, 자신의 힘을 빼기 위한 40년, 그리고 이제 하나님만 의지하는 40년의 인생을 살아갑니다.

모세는 하나님의 손에 잡힘으로 가장 작은 사람일 때 가장 크게 부름받아 강력한 리더십을 발휘한 대표 인물입니다. 우리들도 큰 장애물에서도 더 크고 많은 것을 감당하게 될 것이라는 강력한 믿음으로 세상을 이기어 「믿음의 명문가」가 됩시다.

제 8 장
대홍수를 통한 구원

방주에서의 생활 (1-14)

1

2

3

4

5

6

7

8

9

10

11

12

13

14

방주에서 나온 노아 가족들 (15-22)

15

16

17

18

19

20

21

22

제 9 장
대홍수 후 받은 하나님의 큰 복

하나님이 노아에게 주신 언약 (1-17)

1

2

3

4

5

6

7

8

9

10

11

12

13

14

15

16
17

방주에서 나온 노아와 그 아들들 (18-29)

18
19
20
21
22

23

24
25
26
27

28
29

제 1 0 장
대홍수 이후 인류의 번성

☀ 야벳의 아들들 (1–5)

1

2

3

4

5

☀ 함의 아들들 (6–20)

6

7

8

9

10

11

12

13

14

15

16

17

18

19

20

셈의 아들들 (21–32)

21

22

23

24

25

26

27

28

29

30

31

32

제11장
인간의 교만과 바벨탑 건축

바벨탑 건축과 언어의 혼잡 (1-9)

1

2

3

4

5

6

7

8

9

☀ 셈의 족보 (10-26)

10 ....

11 ....

12 ....

13 ....

14 ....

15 ....

16 ....

17 ....

18 ....

19 ....

20 ....

21 ....

22 ....

23 ....

24 ....

25 ....

26 ....

☀ 데라의 족보 (27-32)

27 ....

28 ....

29

30

31

32

제12장
하나님이 아브람을 부르심과 순종

아브람에게 주신 언약과 순종 (1-9)

1

2

3

4

5

6

7

8

9

애굽에서의 아브람 (10-20)

10

11

12

13

14

15

16

17

18

19

20

제13장
가나안으로 돌아온 아브람

아브람과 롯 (1–13)

1

2

3

4

5

6

7

8

9

10

11

12

13

아브람의 선택 (14-18)

14

15

16

17

18

배움을 위한 열정의 지도자 엘리사

엘리사는 엘리야를 따라가며 자신의 꿈을 이루어 낸 사람입니다.
저는 엘리사가 "노력형 열정의 사람!"이라고 말하고 싶습니다.
성경의 엘리사는 집요하고 집중력이 있는 사람으로서 배워야 할 것은 꼭 배우고, 이루어야 할 것은 꼭 이루어 낸 지도자라 할 수 있습니다.
우리는 엘리사의 삶을 통해 자신의 꿈을 반드시 이루어 내는 큰 사람이 되는 것을 그려보며, 「믿음의 명문가」가 되기 바랍니다.

엘리사는 ―

1. 평범한 농부였습니다.
지도자가 될 사람은 무언가를 갖추어야 한다고 말합니다. 예수님이 부른 제자들이 어부이듯 가장 중요한 위치의 사람으로 불러야 하는 엘리사도 농부란 사실이 흥미롭습니다.
아직 준비되지 않았어도... 인내와 뚝심을 길러야 하며, 확실한 결단력이 필요합니다.

2. 엘리야의 "여기 머물라"를 거절했습니다.
엘리야의 사역은 끊임없는 이동의 사역입니다. 그래서 엘리사가 따라오는 것이 때로는 거북할 수 있었고 힘이 들 수 있었습니다. 그러나 마침내 그에게 갑절의 영감이 임합니다.

3. 하나님의 사람으로 쓰임 받았습니다.
확실한 하나님의 사람으로 영향력을 발휘합니다.
우리도 확실한 영향력을 나타내는 인물로 우뚝 서야 합니다.
위대한 지도자는 보이는 것에 매이지 않고 근본의 문제를 고치는 영향력의 사람입니다.

거만과 교만의 사람 나아만의 병을 하나님의 방법으로 고치는 당당한 엘리사 이야기는 그에게 하나님이 주시는 능력이 얼마나 컸는지를 보여줍니다. 인생의 모든 질병과 문제를 치유하시는 주님의 자녀로, 최고의 사람으로, "나를 위한 사람"이 아닌 "너를 위한 사람"으로 우뚝 선 「믿음의 명문가」가 됩시다.

제14장
가나안에서의 전쟁

아브람이 롯을 구함 (1-16)

1

2

3

4

5

6

7

8

9

10

11

12

13

14

15

16

☀ 아브람을 축복하는 멜기세덱 (17-24)

17

18

19

20

21

22

23 ....

....

24 ....

....

제15장
아브람과 맺은 하나님의 횃불 언약

아브람 후사에 대한 하나님의 언약 (1-17)

1 ....

2 ....

3 ....

4 ....

5 ....

6 ....

7 ....

8

9

10

11

12

13

14

15

16

17

아브람에게 주신 가나안 땅 (18-21)

18

19

20

21

무명에서 최고의 리더가 된 베드로

인간은 누구나 사람과의 관계 안에서 사는 존재입니다.

그래서 나의 역할이 무엇이고 어떤 영향력을 나타내며 어떻게 살아야 하는지에 대한 분명한 자기 기준이 있어야 합니다.

준비된 사람이 아니지만 하나님의 선택에 의해 만들어지고 가꾸어져, 마침내 큰 사람으로 쓰임 받은 베드로의 이야기는, 오늘을 사는... 아직 불안한 우리의 모습과 같아 그의 삶을 통해 우리가 「믿음의 명문가」로 희망과 꿈을 가질 수 있습니다.

베드로는 -

1. 준비되지 않았지만 주님은 먼저 불렀습니다.

하나님은 지금도 우리를 먼저 사랑하시고 먼저 인도하시고 먼저 세우시기를 원한다는 것을 기억해야 합니다.

2. 그에게는 특별함이 있습니다.

베드로는 실수도 많지만 인정받는 행동도 많이 하는 사람입니다.

베드로는 우리가 가진 장점과 약점을 모두 보여주는 모델입니다.

3. 가장 큰 사명자로 쓰임 받았습니다.

베드로의 특성은 많은 능력을 행하고 십자가에 거꾸로 달려 죽기까지 자신에게 주어진 사명을 멋지게 감당했다는 것입니다.

베드로의 이야기는 무명의 사람을 발탁하여 하나님의 가장 큰 사람으로 세우시는 과정의 이야기입니다. 우리가 오늘 도전받아야 할 것은 너무 성급한 결론을 내려서는 안된다는 것입니다.

우리들이 믿음의 방향을 바로 세우면 주님께서 먼저 찾아와 크게 세워 쓰심을 믿어야 합니다.

하나님께 기쁨이 될만한 큰 그릇이 되어 「믿음의 명문가」가 됩시다.

제16장
아브람의 타협

☀ 사래와 하갈 (1–6)

1

2

3

4

5

6

☀ 하갈과 이스마엘 (7–16)

7

8

9

10

11

12

13

14

15

16

제 17 장
아브람과 사라의 개명과 할례를 받음

아브라함으로 개명과 하나님의 언약 (1-14)

1

2

3

4

5

6

7

8

9

10

11

12

13

14

☀ 사래로 개명과 이삭 출생 약속 (15–19)

15

16

17

18

19

☀ 이스마엘에게 주신 하나님의 언약 (20–27)

20

21

22

23

24

25

26

27

제18장
아브라함에게 나타난 세 천사

아브라함에게 아들 주실 것을 약속 (1-15)

1

2

3

4

5

6

7

8

9

10

11

12

13

14

15

소돔과 고모라에 대한 아브라함의 간구 (16-33)

16

17

18

19

20

21

22

23

24

25

26

27

28

29

30

31 ....

32 ....

33 ....

제19장
소돔과 고모라의 멸망과 롯의 구원

소돔 백성의 죄악 (1–11)

1 ....

2 ....

3 ....

4 ....

5

6

7

8

9

10

11

롯의 구원 (12-22)

12

13

14

15

16

17

18

19

20

21

22

소돔과 고모라의 멸망 (23-29)

23

24

25

26

27

28

29

모압과 암몬 자손의 시작 (30-38)

30

31

32

33

34

35

36

37

38

적극적 반대자에서 최고의 복음 전도자가 된 바울

부정적인 사고방식에 젖어 버린 사람들을 보는 것은 매 순간이 고통이고 아픔입니다. 때로는 실망이 되고 좌절이 되기도 합니다. 그러나 우리가 희망을 가져야 할 이유는 사람은 반드시 변화되고 바뀔 수 있다는 것입니다. 바울은 당시 크리스천이라면 가장 두렵고 경계가 되는 사람이었습니다. 그런데 놀라운 것은 그가 변했고 오히려 최고의 복음 전도자로 우뚝 세워졌습니다. 그러므로 결코 낙심하지 않고 하나님은 모든 인생을 완벽하게 바꾼다는 것을 믿으면 「믿음의 명문가」가 될 것입니다.

바울은―

1. 자기주장이 강한 사람입니다.
바울의 인간성은 자기 생각을 쉽게 포기하지 않을 뿐 아니라 자기 생각과 다른 사람에 대해서는 적극적인 저항의 사람으로 살았습니다. 그러나 그것이 부정적일 때는 문제여도 긍정적이 되면 강력한 리더십으로 발전할 수 있음을 알아야 합니다.

2. 확실하게 변화된 사람이었습니다.
하나님의 사랑은 내가 준비되고 갖추었기 때문이 아닙니다. 단지 그분의 강권적인 사랑으로 일어나는 사건입니다. 그러므로 우리가 기도해야 하는 이유는 우리가 어떤 상태와 상황이라도 주님을 만날 수 있다는 희망 때문입니다.

3. 세계를 가슴에 품은 사람이었습니다.
바울의 변화는 세계를 바꾸는 기적의 출발입니다. 바울은 세계를 가슴에 품고 복음을 전한 사람이기 때문입니다. 바울의 변화는 전 세계가 예수님을 믿게 하는 도화선이 되었습니다. 한 사람의 변화가 얼마나 큰일이 될 수 있는지를 바울을 통해서 알게 됩니다.

바울의 장점은 어떤 상황이라도 최고의 가치를 만드는 공간으로 만들어 낸다는 것입니다. 전 세계 복음의 씨앗을 뿌리고 기독교 역사의 가장 큰 획을 그은 사람인 바울처럼 하나님을 향한 분명한 믿음으로 전진한다면 반드시 큰 상을 타게 될 것이며 분명한 결과를 얻을 수 있다는 믿음으로 살아 「믿음의 명문가」가 됩시다.

제 20 장
아내를 누이라고 속이는 아브라함

☀ 아비멜렉에게 나타나 경고하신 하나님 (1-7)

1

2

3

4

5

6

7

☀ 아브라함과 아비멜렉(8-18)

8

9

10

11

12

13

14

15

16

17

18

제 2 1 장
이삭의 출생과 하갈과 이스마엘의 추방

이삭 출생 (1–7)

1

2

3

4

5

6

7

하갈과 이스마엘 추방 (8–21)

8

9

10

11

12

13

14

15

16

17

18

19

20

21

아브라함과 아비멜렉의 언약 (22-34)

22

23

24

25

26

27

28

29

30

31

32

33

34

제 2 2 장
아브라함의 갈보리 사건과 같은 시험 순종

이삭을 바치는 아브라함 (1–19)

1

2

3

4

5

6

7

8

9

10

11

12

13

14

15

16

17

18

19

나홀의 계보 (20-24)

20

21

22

23

24

제 2 3 장
사라의 죽음과 막벨라 묘실 구입

사라의 죽음 (1-15)

1

2

3

4

5

6

7

8

9

10

11

12

13

14

15

사라의 장례 (16–20)

16

17

18 ....

19 ....

....

20 ....

제 2 4 장
이삭이 리브가를 아내로 맞이함

아브라함의 명령 (1-12)

1 ....

2 ....

3 ....

4 ....

5 ....

6 ....

7 ....

8

9

10

11

12

아브라함의 종과 리브가의 만남 (13-33)

13

14

15

16

17

18

19

20

21

22

23

24

25

26

27

28

29

30

31

32

33

☀ 아브라함 종의 간증 (34-49)

34

35

36

37

38

39

40

41

42

43

44

45

46

47

48

49

이삭과 리브가가 만나 결혼 (50–67)

50

51

52

53

54

55

56

57

58

59

60

61

62

63

64

65

66

67

제 2 5 장
아브라함의 죽음과 장사, 에서와 야곱의 출생

아브라함의 말년과 죽음 (1–11)

1

2

3

4

5

6

7

8

9

10

11

☀ 이스마엘의 후예 (12-18)

12

13

14

15

16

17

18

☀ 에서와 야곱의 출생 (19-26)

19

20

21

22

23

24

25

26

장자 축복권을 팔은 에서 (27-34)

27

28

29

30

31

32

33

34

제26장
하나님이 이삭에게 주신 복들

하나님이 이삭에게 주신 언약 (1-16)

1

2

3

4

5

6

7

8 ....

9 ....

....

10 ....

11 ....

12 ....

13 ....

14 ....

15 ....

16 ....

이삭의 우물 공사 (17-25)

17 ....

18 ....

....

19 ....

20

21

22

23

24

25

이삭과 아비멜렉의 계약과 에서의 결혼 (26-35)

26

27

28

29

30

31

32

33

34

35

제 2 7 장
장자 축복을 뺏긴 에서의 분노 및
야곱의 도피 계획

야곱을 축복하게 된 이삭 (1-29)

1

2

3

4

5

6

7

8

9

10

11

12

13

14

15

16

17

18

19

20

21

22

23

24

25

26

27

28

29

☀ 에서의 분노와 도피하는 야곱 (30-46)

30

31

32

33

34

35

36

37

38

39

40

41

42

43

44

45

46

좋은 영향력을 주고 사람을 세우는 사무엘

좋은 지도자를 만나는 것은 개인이든 단체이든 기쁨이고 복이 됩니다.
그것은 그 지도자로 인해 좋은 영향력을 받고 주기 때문입니다.
사무엘은 이스라엘 영적 리더로서 한 획을 그은 사람으로, 이 사람을 통해 사람이 세워지고 민족의 장래가 예언되었습니다.
우리가 이 시대의 사무엘 같은 리더가 될 수 있다면 세상을 바꾸기에 충분한 영향력을 만들 것이고 「믿음의 명문가」가 될 것입니다.

사무엘은–

1. 기도로 얻은 아이였습니다.
우리의 모든 아이는 기도로 세상에 태어납니다. 당연히 사무엘과 다를 바 없습니다. 그러나 기도로 낳은 자녀를 키우는 방법은 다릅니다. 예배와 훈련을 통해 아이의 인격이 하나님을 경외하는 삶으로 형성됩니다.

2. 환경을 이기는 사람이었습니다.
엘리 제사장의 아들들은 하나님을 향해 모든 나쁜 행실을 일삼았습니다. 그러나 사무엘은 언제나 하나님을 향해 자기중심을 갖고 자신의 길을 갔습니다.

3. 사람을 세우는 통찰력의 지도자였습니다.
사무엘은 민족의 모든 결정권을 가질 만큼 강력한 리더십의 사람입니다. 이스라엘은 사무엘의 다스림을 받았고, 그래서 왕의 잘못도 확실하게 지적할 만큼 그에게는 권력도 있었습니다. 이 모든 것의 영향력은 영적인 리더십에서 왔습니다.

사무엘의 리더십은 하나님의 명령을 수행하는 것이지만 가장 중요한 것은 사람을 세우고 민족을 세우는 것입니다. 이 위대한 리더를 만든 사무엘의 부모는 잡을 때와 보낼 때를 분명하게 안 사람들입니다. 내 품보다 하나님의 품에서 자라 더 큰 인물이 되어 「믿음의 명문가」가 됩시다.

제28장
하나님과 야곱이 벧엘에서 만남

밧단아람으로 도망가는 야곱 (1–9)

1

2

3

4

5

6

7

8

9

벧엘에서 하나님을 만나는 야곱 (10-22)

10

11

12

13

14

15

16

17

18

19

20

21

22

제29장
야곱의 하란에서의 생활

☀ 라반의 집에서 7년 봉사 (1-20)

1

2

3

4

5

6

7

8

9

10

11

12

13

14

15

16

17

18

19

20

레아와 라헬을 아내로 맞이한 야곱 (21-30)

21

22

23

24

25

26

27

28

29

30

레아의 자식들 (31-35)

31

32

33

34

35

제30장
야곱의 자녀 출산들과 번영

야곱의 자식들 (1-24)

1

2

3

4

5

6

7

8

9

10

11

12

13

14

15

16

17

18

19

20

21

22

23

24

라반과 품삯을 계약하는 야곱의 번성 (25-43)

25

26

27

28

29

30

31

32

33

34

35

36

37

38

39

40

41

42

43

제 31 장
고향으로 돌아가는 야곱

도망가는 야곱 (1-21)

1

2

3

4

5

6

7

8

9

10

11

12

13

14

15

16

17

18

19

20

21

☀ 추격하는 라반 (22–42)

22

23

24

25

26

27

28

29

30

31

32

33

34

35

36

37

38

39

40

41

42

야곱과 라반의 언약 (43–55)

43

44

45

46

47

48

49

50

51

52

53

54

55

제 3 2 장
에서를 만날 준비와 새 이름 이스라엘

야곱이 에서를 만날 준비 (1-23)

1

2

3

4

5

6

7

8

9

10

11

12

13

14

15

16 ....

17 ....

18 ....

19 ....

20 ....

....

21 ....

22 ....

23 ....

야곱의 새 이름 이스라엘 (24-32)

24 ....

25 ....

....

26 ....

....

27 ....

28 ....

29	
30	
31	
32	

제33장
야곱과 에서의 만남과 화해

야곱과 에서의 만남 (1-17)

1	
2	
3	
4	
5	

6

7

8

9

10

11

12

13

14

15

16

17

☀ 야곱의 세겜성에서의 정착 (18-20)

18

19

20

제 3 4 장
야곱 가문의 세겜 대학살

☀ 부끄러운 일을 당하게 된 디나 (1-13)

1

2

3

4

5

6

7

8 ....

9 ....

10 ....

11 ....

12 ....

13 ....

디나의 일에 대한 보복 (14-31)

14 ....

15 ....

16 ....

17 ....

18 ....

19

20

21

22

23

24

25

26

27

28

29

30

31

제35장
라헬과 이삭의 죽음과 야곱의 열두 아들들

하나님의 지시대로 벧엘로 올라간 야곱 (1–15)

1

2

3

4

5

6

7

8

9

10

11

12

13

14

15

☀ 라헬과 이삭의 죽음과 자식들 (16-29)

16

17

18

19
....
20
....
21
....
22
....
....
23
....
....
24
....
25
....
26
....
....
27
....
....
28
....
29
....
....

제36장
에서의 후손들

에서의 자손 (1-19)

1
....

2

3

4

5

6

7

8

9

10

11

12

13

14

15

16

17

18

19

세일의 자손 (20–30)

20

21

22

23

24

25

26

27

28

29

30

☀ 에돔의 왕들 (31-43)

31

32

33

34

35

36

37

38

39

40

41

42

43

하나님의 마음에 가장 합당한 사람 다윗

사람은 얼마나 자기 관리를 잘하는가가 자신의 미래가 됩니다.
다윗은 자기 관리의 천재와 같은 사람입니다.
어떤 환경에서도 하나님과 자신과의 관계를 잊지 않았기 때문입니다.
우리도 수많은 환경의 변화에도 의연하고 당당히 자기를 지키며 스스로를 철저하게 관리함으로써 「믿음의 명문가」가 될 수 있습니다.

다윗은 –

1. 중심을 분명하게 했습니다.
하나님이 사울왕을 버리고 다윗을 선택할 때 먼저 내린 명령은 외모를 보지 말고 중심을 보라는 것이었습니다. 화려함을 추구하는 시대에 진정한 중심이 잡힌 사람이 되는 것이 중요합니다.

2. 거룩한 용기의 사람이었습니다.
다윗의 용기를 이야기할 때 가장 먼저 떠오르는 장면은 골리앗과의 싸움 장면일 것입니다.
아무도 나서지 못하는 환경, 두려움에 벌벌 떠는 환경에서도 다윗은 당당히 골리앗과 맞서는 용기의 사람이 됩니다. 하나님 중심에 서는 사람은 언제나 믿음을 지키기 위한 용기를 가지고 있어야 합니다.

3. 승리감에 도취되지 않았습니다.
인생에서 가장 조심해야 할 때는 사실 빨간 신호등이 아닙니다.
파란 신호등일 때 더 조심해야 합니다. 큰 사고가 나기 때문입니다.
작은 승리에 도취되기보다는 더 큰 미래를 준비하는 지혜가 필요합니다.

다윗은 이스라엘 최고의 왕, 성경의 인물 중 하나님의 마음에 가장 합당한 사람이었습니다.
다윗처럼 하나님을 향한 믿음이 분명하여 모든 역경을 뛰어 넘어 가장 확실한 선한 영향력을 만들어 내는 최고의 사람이 되어 「믿음의 명문가」가 됩시다.

제 3 7 장
요셉의 꿈과 애굽에서 노예가 된 요셉

☀ 야곱의 편애 (1-4)

1

2

3

4

☀ 요셉의 꿈 (5-11)

5

6

7

8

9

10

11

형들로부터 애굽으로 팔려가는 요셉 (12–36)

12

13

14

15

16

17

18

19

20

21

22

23

24

25

26

27

28

29

30

31

32

33

34

35

36

제38장
유다와 다말

유다의 자식들 (1–11)

1

2

3

4

5

6

7

8

9

10

11

유다를 속인 다말과 임신 (12-30)

12

13

14

15

16

17

18

19

20

21

22

23

24

25

26

27

28

29

30

제39장
보디발 아내의 유혹과 요셉의 투옥

애굽에서의 요셉 생활 (1-6)

1

2

3

4

5

6

보디발 아내의 유혹 (7-19)

7

8

9

10

11

12

13

14

15

16

17

18

19

🌄 요셉의 감옥 생활 (20-23)

20

21

22

23

제40장
두 관원장의 꿈과 요셉의 해몽

옥에 갇힌 관원장의 꿈을 해석해 주는 요셉 (1-19)

1

2

3

4

5

6

7

8

9

10

11

12

13

14

15

16

17

18

19

요셉의 꿈 해석 결과 (20-23)

20

21

22

23

제 4 1 장
애굽 총리가 된 요셉의 업적

바로의 꿈과 요셉의 해석 (1-36)

1

2

3

4

5

6

7

8

9

10

11

12

13

14

15

16

17

18

19

20

21

22

23

24

25

26

27

28

29

30

31

32

33

34

35

36

애굽의 총리가 된 요셉 (37–57)

37

38

39

40

41

42

43

44

45

46

47

48

49

50

51

52

53

54

55

56

57

사람을 빛나게 한 지도자 디모데

바울의 일생 동안 가장 가까이에서 함께한 동역자가 디모데입니다.

디모데는 확실하게 드러나는 지도자는 아닐지라도 사람을 가장 크게 만드는 조명 같은 지도자였습니다. 가장 위대한 지도자는 물론 최전방에 선 사람일 수 있습니다. 그러나 그 최전방의 사람을 빛나게 하는 조연 같은 지도자가 세계를 움직이고 더 강하게 만드는 능력이 있습니다. 디모데는 숨어 있는 것 같지만 모든 일을 감당해낼 수 있었던 사람입니다. 우리도 어디를 가도 인정을 받는 사람이 되면 「믿음의 명문가」가 될 것입니다.

디모데는—

1. 믿음의 가정에서 성장했습니다.

사람의 삶의 환경은 그 사람의 미래를 만드는 힘이 됩니다.

우리 부모가 예수님을 구세주와 주님으로 믿고, 우리 가정을 믿음의 가정으로 만들어 가는 것은 최고의 복이 됩니다.

2. 약한 건강을 넘어선 사람입니다.

바울의 1차 전도 여행 때 만나고 2차 전도 여행 때 세례(침례)를 받으며 바울의 복음 동역자의 길을 약한 체력임에도 함께 떠납니다. 그러나 디모데는 오히려 병을 넘어 더 멋진 사역의 주인공이 됩니다. 이유와 핑계를 넘는 훈련이 필요합니다.

3. 위대한 복음 전도자였습니다.

바울의 일생에서 가장 확실하게 복음의 사명자로서 부탁을 받거나 명령을 받고 실천한 사람은 디모데가 단연 돋보이는 존재입니다. 디모데에게는 복음과 함께 고난도 넘어야 한다는 것을 확실히 가르칩니다. 누군가의 대리 역할이나 빈자리를 확실하게 감당해 주는 사람은 준비된 사람입니다.

디모데는 바울의 제자와 동역자로서 다양한 사명을 완벽하게 이루어 내지만 흠이 발견되지 않는 사람입니다. 화려한 태양이라기보다는 달과 별과 같은 사람입니다. 최고의 사람이기보다는 최선의 사람으로서 어디를 가도 인정을 받고 무엇을 하거나 맡겨도 최선으로 일을 해내어 「믿음의 명문가」가 됩시다.

제42장
요셉과 형제들의 만남

식량 때문에 애굽에 온 요셉의 형들 (1-16)

1

2

3

4

5

6

7

8

9

10

11

12

13

14

15

16

형들에게 제의하는 요셉 (17-23)

17

18

19

20

21

22

23

☀ 시므온을 담보로 하고 야곱에게 돌아간 형들 (24-38)

24

25

26

27

28

29

30

31

32

33

34

35

36

37

38

제 4 3 장
베냐민과 함께 애굽에 다시 온 형들

베냐민을 애굽에 보내는 야곱 (1–15)

1

2

3

4

5

6

7

8

9

10

11

12

13

14

15

베냐민을 처음 본 요셉 (16–30)

16

17

18

19

20

21

22

23

24

25

26

27

28

29

30

잔치를 베푸는 요셉 (31-34)

31

32

33

34

제 4 4 장
자루 안에 넣은 은잔 테스트

형들을 시험하는 요셉 (1-13)

1

2

3

4

5

6

7

8

9

10

11

12

13

베냐민의 석방을 위해 인질을 자청하는 유다 (14-34)

14

15

16

17

18

19

20

21

22

23

24

25

26

27

28

29

30

31

32

33

34

제 4 5 장
형제들에게 자신의 정체를 밝히는 요셉

형제들에게 자신이 동생임을 밝히는 요셉 (1-8)

1

2

3

4

5

6

7

8

🌅 형제들에게 아버지 야곱을 초청하는 요셉 (9-20)

9

10

11

12

13

14

15

16

17

18

19

20

☀ 형제들을 아버지 야곱에게 보내는 요셉 (21-28)

21

22

23

24
....

....

25
....

26
....

....

27
....

....

28
....

....

제46장
애굽으로 내려온 야곱과 요셉의 만남

야곱의 온 가족이 애굽으로 내려옴 (1-27)

1
....

....

2
....

....

3
....

....

4
....

....

5

6

7

8

9

10

11

12

13

14

15

16

17

18

19

20

21

22

23

24

25

26

27

🌅 아버지를 만난 요셉 (28-34)

28

29

30

31

32

33

34

제 47 장
애굽에 정착하게 된 야곱 가문

바로왕을 만난 야곱 (1-12)

1

2

3

4

5

6

7

8

9

10

11

12

요셉의 국정 수행 (13-26)

13

14

15

16

17

18

19

20

21

22

23

24

25

26

야곱의 유언 (27–31)

27

28

29

30

31

제48장
에브라임과 므낫세가 받은 야곱의 축복

요셉의 아버지 문병 (1–7)

1

2

3

4

5

6

7

☼ 두 손자를 축복하는 야곱 (8-22)

8

9

10

11

12

13

14

15

16

17

18

19

20

21

22

이 시대에 꼭 필요한 사람 빌레몬

어디를 가든 어디에 있든 찾는 사람들이 있다는 것은 복 받은 사람입니다.

빌레몬의 이름의 뜻은 "사랑하는 자"입니다. 어디에 있든지 누구를 만나든지 사랑하고 사랑 받는 사람이었다는 것을 보여주는 이름의 뜻이기도 합니다.

빌레몬은 특별히 세 가지를 갖춘 사람인데... 골로새 교회의 최고 리더이고 모범자이며, 바울의 가장 큰 사랑을 받았던 사람 중 한 명입니다. 이 시대에 꼭 필요한 사람을 꿈꾸며 「믿음의 명문가」가 됩시다.

빌레몬은 -

1. 사랑받는 사람이었습니다.

바울은 빌레몬을 부르면 두 가지로 말합니다. "사랑을 받는 자요 나의 동역자"라고 말입니다.

누군가에게 사랑을 받는다는 것 그리고 그 사람이 나와 같은 방향을 볼 수 있다는 것은 최고의 만남이 됩니다.

2. 사람을 안심시키는 사람이었습니다.

바울은 빌레몬의 이야기를 하면서 오히려 힘을 얻었고 위로를 받았다고 말합니다.

우리가 어디에 있든지 무슨 일을 하든지 모든 사람에게 힘이 되고 위로가 되는 확실한 사람이 되게 하는 것은 은혜 중의 은혜입니다.

3. 가슴이 넓은 지도자이었습니다.

빌레몬은 성경의 인물들 중 보기 드문 부자입니다. 그럼에도 불구하고 믿음이 좋고 선하고 착한 사람입니다. 그리고 어려운 이야기라도 쉽게 말할 수 있고 부탁할 수 있는 여유와 마음이 열린 사람입니다.

사람은 사람 속에 사는 존재입니다. 나의 모든 삶의 내용은 흔적을 남기게 되고 평가를 받게 됩니다. 우리도 빌레몬처럼 사람의 방향과 기준이 분명하고 어려운 일들을 스스로 끌어안고 멋지게 풀어내는 「믿음의 명문가」가 됩시다.

제 4 9 장
열두 아들들을 축복하는 야곱

아들들을 위한 야곱의 축복과 죽음 (1–33)

1

2

3

4

5

6

7

8

9

10

11

12

13

14

15

16

17

18

19

20

21

22

23

24

25

26 ....

27 ....

28 ....

29 ....

30 ....

31 ....

32 ....

33 ....

여호와는
나의 목자시니
내게 부족함이
없으리로다
✝

제50장
야곱의 장례와 요셉의 약속과 죽음

야곱의 장례식 (1-13)

1

2

3

4

5

6

7

8

9

10

11

12

13

형제들에 대한 약속 (14-21)

14

15

16

17

18

19

20

21

요셉의 죽음 (22-26)

22

23

24

25

26

이 책을 쓰고 받은 바 은혜나
깨달음이나 기도 제목 또는 감사할 일을 적어 보십시오.

무릎 기도문 시리즈 18

30가지 주제 / 30일간 기도서

주님께 기도하고 / 기다리면 응답합니다

1 자녀를 위한
무릎 기도문

2 가족을 위한
무릎 기도문

3 태아를 위한
무릎 기도문

4 아가를 위한
무릎 기도문

5 십대의
무릎 기도문

6 십대자녀를 위한
무릎 기도문

7 재난재해안전
무릎 기도문
〈자녀용〉

8 재난재해안전
무릎 기도문
〈부모용〉

9 남편을 위한
무릎 기도문

10 아내를 위한
무릎 기도문

11 워킹맘의
무릎 기도문

12 손자/손녀를 위한
무릎 기도문

13 자녀의 대입합격을 위한
부모의 무릎 기도문

14 대입합격을 위한
수험생 무릎 기도문

15 365일 자녀축복
안수 기도문

A1 태신자를 위한
무릎 기도문

A2 새신자
무릎 기도문

A3 교회학교 교사
무릎 기도문

A4 선포(명령)
기도문

보다 자세한 내용은
QR코드로 만나세요!

두 자녀를 잘키운
삼숙씨의 이야기

정삼숙 지음

미국의 예일, 줄리어드, 노스웨스턴, 이스트만, 브룩힐, 한예종, 예원중에서 수석도 하고 장학금과 지원금으로 그동안 10억여 원을 받으며 공부하는 두 아이지만, 그녀는 성품교육을 더 중요시했다.

중·고·대·대학원 수석/장학생으로 키운 엄마 드림법칙!

엄마, 아빠!
저좀 잘 키워주세요

정삼숙 지음

자식의 장래는 부모의 무릎 교육에 달려 있습니다.
자녀에게 성경적 영적성품을 신앙 유산으로 남겨 주십시오.
자녀는 하나님과 사람들에게 총애받는 인재가 됩니다.

성경적 영적성품 12가지 심기!

잠언에서 배우는
지혜 12 가지

정삼숙 지음

미국의 예일, 줄리어드, 노스웨스턴, 이스트만, 브룩힐, 한예종, 예원중에서 수석도 하고 장학금과 지원금으로 그동안 10억여 원을 받으며 공부하는 두 아이지만, 그녀는 성품과 지혜 교육을 더 중요시했다.

잠언에서 찾은 12가지 지혜 심기!

전도2관왕
할머니의 전도법

박순자 지음

1년에 젊은이 100여 명을 교회로 인도한
60대 할머니의 전도법과 주님께 받은 축복들!

망망한 바다 한가운데서 배 한 척이 침몰하게 되었습니다.
모두들 구명보트에 옮겨 탔지만 한 사람이 보이지 않았습니다.
절박한 표정으로 안절부절 못하던 성난 무리 앞에 급히 달려 나온 그 선원이
꼭 쥐고 있던 손바닥을 펴 보이며 말했습니다.
"모두들 나침반을 잊고 나왔기에… "
분명, 나침반이 없었다면 그들은 끝없이 바다 위를 표류할 수 밖에 없을 것입니다.

우리는 삶의 바다를 항해하는 모든 이들을 위하여
그 나침반의 역할을 하고 싶습니다.
우리를 구원하신 위대한 주 예수 그리스도를 널리 전하고 싶습니다.

"하나님은 모든 사람이 구원을 받으며
진리를 아는 데에 이르기를 원하시느니라"
(디모데전서 2장 4절)

성경 따라 쓰기 / 필사 노트 **1**

창세기

편집인 | 정삼숙
발행인 | 김용호
발행처 | 나침반출판사

제1판 발행 | 2024년 4월 10일

등   록 | 1980년 3월 18일 / 제 2-32호
본   사 | 07547 서울특별시 강서구 양천로 583
　　　　　블루나인 비즈니스센터 B동 1607호
전   화 | 본사 (02) 2279-6321 / 영업부 (031) 932-3205
팩   스 | 본사 (02) 2275-6003 / 영업부 (031) 932-3207
홈   피 | www.nabook.net
이   멜 | nabook365@hanmail.net

일러스트 제공 | 게티이미지뱅크

ISBN 978-89-318-1663-1
책번호 다-3019

값은 뒤표지에 있습니다.